AF283365

Oliva Aguilera Contioso

APULEYO EDICIONES   FOMENTO DE VALORES   CUENTOS ILUSTRADOS

Los meditacuentos

APULEYO EDICIONES   FOMENTO DE VALORES   CUENTOS ILUSTRADOS

A beneficio de

Quiero dedicar este libro a todas las niñas y niños que lo leerán. Sois vosotras, personas pequeñas, las que me habéis inspirado para escribir los meditacuentos. Sois las dueñas del futuro del mundo. Estos meditacuentos van a ayudaros a gestionar vuestras emociones y ser adultas más equilibradas mientras nos divertimos juntas.

Gracias niñas y niños.

1. La alegría

Hoy nos ponemos de pie, una persona frente a otra, y vamos a hacernos cosquillas durante medio minuto. Hacemos cosquillas en el cuello. Hacemos cosquillas en las axilas. Hacemos cosquillas en la barriga. Hacemos cosquillas en los pies. Ahora nos tumbamos una al lado de la otra y apoyamos una mano sobre la barriga de nuestra compañera o compañero.

Cerramos los ojos. Eso que sentís ahora es alegría. Podéis sentirla en vuestra cara cuando reís, en el pecho donde vuestro corazón late con fuerza, en todo el cuerpo sintiéndoos ligeros como una pluma.

Siente ahora la respiración de la compañera, o compañero. Toma aire por la nariz y nota cómo su barriga se llena lentamente como un globo. Imaginad que sois un globo de color rojo que se llena de aire poco a poco. Echad el aire por la nariz despacio y sentid cómo vuestro cuerpo es cada vez más ligero, más ligero. Así se siente tu cuerpo cuando sientes alegría. Coged aire y sentid cómo el globo va creciendo, creciendo, creciendo.

Echando el aire por la nariz, observamos cómo el globo se va vaciando lentamente por completo. Seguimos respirando, llenándonos de aire y vaciándonos, sintiendo la respiración del otro. Tomad aire y sonreíd.

Ahora sois un globo que sube cada vez más alto, más alto, más alto, flotando hacia el cielo. Seguid respirando juntas. Os contaré una historia sobre la alegría.

Hace mucho tiempo había una anciana muy pobre. Ella veía cómo sus vecinos llevaban flores, comida y velas al templo de Buda, que era un sabio. Y había observado que, a pesar de tener tantas cosas, sus vecinos no eran felices.

Así que decidió llevar un regalo a Buda para preguntarle cuál era el secreto de la alegría. Buscó y buscó, pero solo pudo encontrar un trozo de vela pequeño. La anciana lo llevó al templo de Buda.

—No puedo ofrecerte más —le dijo—, pero quiero preguntarte cuál es el secreto de la alegría.

Buda no contestó, y la anciana después de un rato se marchó a su casa. Esa noche hubo una gran tormenta y todas las velas de las ventanas de las casas se apagaron.

El pueblo quedó completamente a oscuras y los vecinos sentían miedo. Tan solo quedó encendida la vela que la anciana había llevado al templo de Buda. En la oscuridad, la anciana condujo a sus vecinos hasta el templo, y, uno a uno, fueron encendiendo sus velas con la llama de la vela que ella misma había llevado.

La alegría no depende de las cosas que tengamos. La alegría es como la llama de una vela, que alumbra nuestro corazón, y cuando la compartimos brilla con más fuerza. Mañana, cuando te despiertes, toma aire por la nariz y sonríe.

Comparte tu alegría con las demás durante todo el día. Poco a poco, vamos moviendo los dedos de los pies, los dedos de las manos, llevamos los brazos hacia atrás y hacia arriba, y nos estiramos como cuando nos despertamos por la mañana. Abrimos los ojos, miramos a la persona que tenemos al lado y sonreímos para compartir nuestra alegría.

2. El enfado

Para la meditación de hoy, nos tumbamos en el suelo, encima de una toalla o una manta. Una persona se tumba boca arriba con los brazos a los lados del cuerpo y las palmas de las manos hacia arriba. La otra persona se coloca igual poniendo la cabeza sobre la barriga de la primera persona.

Cogemos aire por la nariz, llenamos la barriga. Las costillas, el pecho, echamos el aire por la nariz, empujándolo desde la barriga hacia arriba. Vamos a seguir la respiración de nuestra compañera, de nuestro compañero.

Cogemos aire juntas, contando uno, dos tres, echamos el aire juntos, contando hasta seis; uno, dos, tres, cuatro, cinco, seis; seguimos respirando juntas, cogiendo el aire por la nariz, contando hasta tres, echando el aire por la nariz, contando hasta seis. La ira es una emoción importante que nos permite crecer. La ira es como el fuego que nos alienta a superar los obstáculos y a sobrevivir, pero cuando está fuera de control puede quemarlo todo, y hace daño a las personas que nos rodean y a nosotras mismas.

Coge aire por la nariz y recuerda alguna vez que hayas estado muy enfadada, muy enfadado. Coge aire por la nariz y siente cómo nace esa emoción en el centro de tu pecho. Sientes que vas a explotar y que no puedes pensar.

Inspira y observa qué ocurre en tu cuerpo. ¿Qué zonas se tensan cuando estás enfadada? Puede ser la mandíbula, el cuello, los hombros, las manos. ¿Notas cómo se acelera tu corazón? Echa aire por la nariz y suelta poco a poco estas partes de tu cuerpo.

Siente cómo se hacen cada vez más y más suaves. Cómo tu cuerpo se va fundiendo lentamente por el suelo. Escucha el latido de tu corazón.

Toma aire por la nariz e imagina un fuego en el centro de tu pecho. Siente su calor. Nota cómo sube hacia la garganta.

Echa el aire por la nariz y emite un suspiro. Coge aire por la nariz y piensa. ¿Cuál es el motivo de tu enfado? Echa el aire por la nariz y mira cómo el enfado se aleja poco a poco. Mientras seguís respirando juntos, voy a contaros una historia sobre el enfado.

Había un monje al que le gustaba meditar en silencio. Un día decidió subirse a una barca y remar hasta el centro de un lago.

Pensó que allí estaría muy tranquilo. Estando en el centro del lago con los ojos cerrados, se dijo para sí mismo «¿qué paz se respira?». De repente, cuando estaba más concentrado en sus pensamientos, notó un fuerte golpe. Se enfadó mucho y pensó, «cuando abra los ojos se va a enterar la persona que me ha dado ese golpe».

Pero cuando los abrió, solo vio una barca vacía que probablemente el viento había llevado hasta allí. Y entonces se dio cuenta de que su enfado venía de dentro de sí mismo. Así que pensó: «cada vez que me enfade con una persona, recordaré que el motivo de mi enfado está dentro de mí mismo».

Inhala profundamente y sonríe. Exhala y siente que estás más tranquilo. Practicar esta respiración cuando estés enfadada o enfadado, te ayudará a mantener bajo control tu ira, tu fuego interior.

Poco a poco, vas moviendo los dedos de los pies, los dedos de las manos. Llevamos los brazos hacia atrás y hacia arriba, y nos estiramos como cuando nos despertamos por la mañana y bostezamos, vamos abriendo los ojos poco a poco. Y durante el día de mañana, si nos enfadamos, recordaremos que nuestro enfado no viene del exterior, sino que viene de dentro de nosotras mismas.

3. La tristeza

Hoy vamos a meditar sobre la tristeza. Ponte en cuclillas, abraza tus rodillas y mete la cabeza entre tus brazos. Cierra los ojos.

Coge aire por la nariz y recuerda alguna vez que hayas estado muy triste. Echa el aire por la nariz y piensa, ¿por qué estabas triste? Sientes tus brazos y tus piernas muy pesadas, tu espalda arqueada, tu pecho cerrado, tu garganta tensa. Te cuesta hablar y sientes ganas de llorar.

Así se siente tu cuerpo cuando estás triste. Inhala y exhala despacio. La tristeza es como el plomo, pesada, espesa y gris.

Si la dejas salir en forma de lágrimas, pasará y después te sentirás mejor. Pero si no la dejas salir, se convertirá en rabia y te hará daño, a ti y a los que te rodean. Coge aire por la nariz y túmbate boca arriba.

Mientras echas el aire lentamente por la nariz, sigues respirando y escucha esta historia sobre la tristeza.

Había un niño llamado Pedro que vivía en un bosque verde y frondoso, por donde pasaba un río transparente y frío. El río estaba habitado por miles de peces y pájaros.

A Pedro le encantaba nadar con los peces y oír cantar a las aves que se refrescaban en sus aguas. Un día, paseando por la orilla, Pedro encontró un pez que había muerto. Esto le entristeció mucho, sintió un nudo en la garganta, quiso llorar.

Pero Pedro se tragó el nudo y siguió caminando. Conforme bajaba por el río, vio muchos peces muertos y el agua se volvió más turbia y escasa. Pedro sentía un gran peso en su corazón.

Llegó hasta un claro del bosque y descubrió con horror que el río se había secado por completo. Los peces habían muerto y las aves se habían ido. Sintió su corazón encogido y arrugado como una pasa.

El silencio lo inundaba todo. Pero Pedro no lloró. Le habían dicho que debía ser fuerte. Sintió mucha rabia y dolor. Odió al sol por calentar tan fuerte y secar el río. Tras mucho caminar, triste y cansado, se tumbó en la hierba.

Miró al cielo y vio cómo las nubes pasaban sin cesar. Pedro sintió pena por su amado río, sus peces y sus pájaros. Sintió sus párpados pesados y sus ojos que dolían.

Pero Pedro no lloró. Entonces un pájaro se acercó y le preguntó:

—¿Por qué estás tan triste?

—El río está seco, casi todos los pájaros se han marchado y los peces están muriendo —dijo Pedro.

—Así es el ciclo de la vida —respondió el pájaro, y voló muy muy alto.

El cielo se oscureció, las nubes negras taparon el sol por completo y Pedro, rendido, dejó escapar un suspiro y rodaron sus lágrimas. Entonces llegó la lluvia, y a la vez que las lágrimas de Pedro, regó con sus gotas el cauce del río. Poco a poco el río fue llenándose de agua.

Cuando Pedro terminó de llorar, dejó de llover. Las nubes se alejaron y un sol brillante apareció en el cielo. Sus rayos calentaron su cuerpo y Pedro, aliviado, se sintió más tranquilo, abrió los ojos y miró al río. ¡Se había llenado de agua!

Oyó cantar a los pájaros y vio nadar a los peces. Sintió una alegría inmensa y comprendió que la tristeza es como las nubes que pasan.

Coge aire por la nariz. Empieza a mover los dedos de los pies, los dedos de las manos. Estira tus brazos hacia arriba y hacia atrás. Bosteza como cuando te levantas por la mañana y abre los ojos.

Durante el día de mañana, recuerda que la tristeza es como las nubes que pasan.

4. El miedo

Hoy nos ponemos de pie, doblamos un poquito las rodillas, estiramos la espalda como si un hilo tirase de nuestra cabeza hacia el techo y cerramos los ojos. Cogemos aire por la nariz y lo echamos, despacio, por la nariz también. Vamos a meditar sobre el miedo.

El miedo es un monstruo grande que hace que nuestro corazón lata más deprisa, que nuestros brazos y nuestras piernas se tensen. Nos hace sudar, se nos seca la boca y nuestro cuerpo empieza a temblar. Así se siente tu cuerpo cuando tienes miedo.

Piensa en un día que hayas tenido mucho miedo. Ahora, mientras piensas, voy a contarte una historia sobre el miedo.

Mara era una niña que vivía en un pueblo blanco y pequeño encima de una montaña.

Un día, mientras paseaba cerca del pueblo, Mara encontró a una pastora que le habló de un océano inmenso y azul, donde volaban las aves marinas. Había altos acantilados, misteriosas cuevas y doradas playas. Mara deseó con todas sus fuerzas ver aquellas maravillas de la naturaleza, pero su padre le había prohibido alejarse del pueblo, pues era muy peligroso, ya que en el bosque habitaba una malvada bruja que se alimentaba de niñas.

Una mañana se levantó muy temprano, metió un poco de pan y queso en su mochila, tomó el camino del sur y se dirigió hacia el océano. Iba preocupada porque sabía que para llegar al océano debía atravesar el bosque y probablemente se encontraría a la bruja. Anduvo todo el día recogiendo piedras por el camino para lanzárselas a la bruja si aparecía.

A la caída de la tarde la vio de lejos. Estaba recogiendo leña con una enorme hacha. Entonces la bruja se giró y la miró alzando su hacha amenazante. Mara comenzó a tirarle piedras, pero las manos le temblaban y no consiguió darle con ninguna.

—¿Por qué me lanzas piedras, niña? —le preguntó la bruja.

—Porque me estás amenazando con el hacha —respondió Mara.

La bruja rio.

—No te estoy amenazando. Solo iba a cortar esta rama seca.

Mara, asustada y paralizada, sentía latir su corazón muy fuerte.

—¿Es verdad que comes niñas? —preguntó, balbuceando.

La bruja rio de nuevo y exclamó.

—Pero si soy vegetariana, vivo aquí tranquilamente en el bosque. ¿Dónde vas?

—Voy al océano —le respondió Mara.

La bruja se quedó pensativa.

—Anda, ayúdame a recoger leña y te invito a cenar.

La bruja hizo un fuego y cocinó zanahorias, patatas y algunas hierbas. Cuando terminaron de cenar, Mara ya no sentía miedo.

La bruja había sido muy amable y, en recompensa por haberla ayudado con la leña, le hizo un regalo. Le enseñó a guiarse por las estrellas en la noche. Le dijo que le haría falta si quería llegar al océano, pues a partir de allí ya no había caminos por los que guiarse para salir del bosque y tendría que cruzar el río.

Mara sintió miedo de nuevo. Tendría que atravesar el río y caminar sola en la noche, pero deseaba tanto ver el océano que se levantó temprano, se despidió de la bruja y caminó por el bosque en busca del río. Cuando llegó la tarde, Mara se encontró ante un ancho y caudaloso río.

Nunca había nadado, así que no sabía cómo cruzarlo. Se sentó en la orilla abatida y pensó que tendría que volver atrás porque no iba a poder cruzarlo. Estuvo pensando y pensando cómo atravesarlo. Entonces vio una rama flotando. Se acercó a la orilla y comenzó a andar hacia dentro del agua. Cogió la rama que flotaba y se agarró a ella.

Otra vez su corazón latía muy fuerte. Podía ahogarse si no tenía cuidado. Cuando el agua le llegaba a la barbilla y sus pies se apoyaban de puntillas en el suelo fangoso, comenzó a mover las piernas con fuerza.

Al cabo de un rato de mucho patalear, vio que avanzaba dentro del agua y, asustada, siguió nadando para alcanzar la orilla. Ya había oscurecido cuando salió del cauce. Cansada y temblorosa, se tumbó en la hierba. Miró las estrellas y localizó la estrella polar. Se puso de pie y con la ropa aún mojada se encaminó hacia el sur. Estuvo andando toda la noche.

Sintió frío, sueño y miedo de estar sola en aquel enorme campo abierto, donde solo se veían las estrellas y se oían los lobos. Su piel se erizaba con aquel sonido, pero el olor a sal le decía que el océano ya estaba cerca. Sus piernas temblaban de miedo con cada nuevo aullido.

Aceleró el paso. Tropezaba algunas veces con las piedras y se sentía agotada, pero siguió caminando. Al amanecer llegó hasta un acantilado rocoso, franqueado por pinos, y por fin lo vio. Allí se extendía majestuoso el océano. Mara, agotada, se sentó en lo alto del acantilado y se sintió feliz. Recordó el miedo a la bruja, al río, a la noche y a los lobos.

Sintió que ahora esos miedos eran muy pequeños comparados con la felicidad inmensa que sentía, pues su confianza era tan grande como el océano. El miedo nos convence de que no somos capaces de hacer aquello que deseamos. Pero si nos enfrentamos a nuestros miedos, veremos que estos solo están en nuestra cabeza. Veremos cómo el monstruo grande se hace cada vez más y más pequeño.

Y ahora vamos moviendo los dedos de las manos, los dedos de los pies. Estiramos los brazos hacia atrás y hacia arriba. Y bostezamos como cuando nos despertamos por la mañana. Vamos abriendo los ojos. Y durante el día de mañana recordaremos que el miedo sólo está en nuestra cabeza.

5. El amor

Hoy nos tumbamos cómodamente y apoyamos nuestra cabeza en el pecho de nuestra compañera o compañero. Cogemos aire por la nariz y lo soltamos despacio, por la nariz también.

Escuchamos el corazón de nuestra compañera o compañero. ¡Bum! ¡Bum! ¡Bum! En el corazón es donde vive el amor. El amor es querer el bien para todos los seres vivos del mundo. Lo sientes en tu cuerpo cuando respiras, cuando miras a otra persona o animal.

Tu corazón parece más grande, tu sonrisa aparece en tu cara y te sientes más ligero. Así se siente el amor en tu cuerpo. Cierra los ojos, voy a contarte una historia sobre el amor.

Kai, la niña pájaro, tenía un hermoso plumaje de color arcoíris. Volaba junto a sus hermanas en la bandada recorriendo el mundo, atravesando montañas y océanos. Un día Kai llegó hasta un bosque frondoso y, como estaba muy acalorada del viaje, se metió en las aguas de una catarata cristalina y fría.

Estaba disfrutando de su baño, cantando y ahuecándose las plumas, cuando de pronto lo vio. ¡Un niño! El niño se quedó mirándola fascinado. Nunca había visto un ave tan exótica, con colores arcoíris en su plumaje y con un maravilloso canto.

El niño se sentó a observarla y Kai cantó para él bellas melodías con su pico dorado. Durante aquel verano, cada día, el niño volvió al bosque a escuchar a Kai, hasta que un día ella giró dos veces sobre sí misma y, ante sus ojos sorprendidos, se transformó en una niña. Entonces se acercó y, sentándose junto a él, le preguntó su nombre.

—Me llamo Paco —respondió el niño.

Kai le habló de sus interminables viajes sobre el Himalaya, donde la nieve lo cubre todo; sobre el inmenso océano Pacífico, donde pescaba peces con su pico dorado; y sobre la selva del Amazonas, donde podía recorrer distancias enormes de árbol en árbol.

Día a día, el amor entre Kai y Paco fue creciendo. Se divertían mucho contándose historias, bañándose en las cataratas y paseando por el bosque. Hasta que llegó el invierno y entonces Kai le dijo:

—Tengo que marcharme. Mis hermanas me esperan en el desierto para pasar el invierno.

Paco, desolado, le dijo:

—¿Qué haré yo sin ti? No me dejes. Te he construido un maravilloso hogar para que pases en mi casa calentita el invierno —y le mostró una preciosa jaula de oro y piedras preciosas que él mismo había construido.

Kai quedó maravillada. Era sin duda un regalo muy valioso. Así que entró en la jaula para pasar el invierno.

Llegaron las nieves. Las noches se hicieron más largas. Kai, encerrada en su jaula, poco a poco fue olvidando los pasajes y aventuras que había conocido. Dejó de cantar sus canciones y su plumaje se fue tornando gris. Nunca un invierno le había parecido tan largo. Paco le daba ricas frutas y le contaba historias para animarla, pero Kai no era feliz. Echaba de menos a sus hermanas y volar alto sobre el desierto, y había perdido su poder para transformarse en niña.

Un día, Kai abrió la puerta de la jaula y, sin mirar atrás, salió volando por la ventana. Paco la vio alejarse hasta convertirse en un punto en el horizonte. Se sintió triste porque ya no volvería a disfrutar de su canto ni de sus historias.

Pasó el tiempo y llegó el verano. Y un día que Paco paseaba por el bosque, lo oyó. Una canción que conocía, cantada a coro por miles

de niñas pájaro. Se tumbó en la hierba y escuchó con atención. Entonces miró al cielo y la vio, surcando el aire, majestuosa y libre.

Kai había vuelto con sus hermanas. Paco se sintió feliz y comprendió que el amor es libertad. No la llamó, tan solo la observó en silencio.

Y ahora, vamos moviendo los dedos de los pies, los dedos de las manos, estiramos los brazos hacia atrás y hacia arriba, y bostezamos como cuando nos despertamos por la mañana.

Mañana, cuando te despiertes, durante todo el día, recuerda que el amor se multiplica cuando lo compartes. Demuestra tu amor haciendo el bien a todas las personas que te rodean.

Y ahora, vamos moviendo los dedos de los pies, los dedos de las manos, estiramos los brazos hacia atrás y hacia arriba, y bostezamos como cuando nos levantamos por la mañana.

Y durante el día de mañana, recordaremos que el amor es libertad.

© Oliva Aguilera Contioso (de la obra)
©Apuleyo Ediciones (de esta edición)
Primera edición en Apuleyo Ediciones: diciembre 2024
Diseño de cubierta: Alejandro Rosas
Corrección: Leonardo Leal
Maquetación: Alejandro Rosas
Ilustraciones: Julia Kapusta Domínguez
Coordinación editorial: Isidoro Cidre González
info@apuleyoediciones.com
www.apuleyoediciones.com
ISBN: 978-84-1060-375-2
Depósito legal: H 441-2024

No está permitida la reproducción total o parcial de este libro, ni su tratamiento informático, ni la transmisión de ninguna forma o por cualquier medio, ya sea electrónico, mecánico, por fotocopia, por registro u otros métodos, sin permiso previo y por escrito de los titulares del copyright.

Hecho e impreso en España.

Escanea este código
para oir el audiocuento